Filosofia para crianças

De criança para crianças

Era uma vez!

Nem tudo se deve escutar!

História para colorir!

Por: Bernardo Octaviano Pereira

Este livro pertence a:

____

Eu dedico essa obra, primeiramente para os meus pais que eu tanto amo, para minhas professoras, para minhas tias de coração e para todos os meus amigos, Deus que abençoe a todos infinitamente!

Bernardo Octaviano Pereira

16/03/2024

Era uma vez, em um lugar, não muito longe daqui vários ratinhos desejavam saborear um queijinho especial, que para os ratinhos era o mais delicioso da região, no entanto, para alcançar o tão desejado queijinho,

eles teriam que subir todos os andares do edifício, que tinha um restaurante onde estava o queijinho.

A jornada começou com entusiasmo, mais logo no primeiro andar um dos ratinhos murmurou
-É muito alto eu não vou continuar;

Outros ratinhos, influenciados pela desistência, também decidirão retornar e descerão também. No segundo andar outras desculpas surgirão

- *Tem muitos degraus para subir, desisto não vou continuar;*
E outros ratinhos também desistiram de subir, e no terceiro andar outro ratinho falou;

- Estou cansado
eu vou voltar;
E mais alguns
ratinhos
voltaram
também, e no
quarto andar
outro ratinho
falou;

- Esse queijo não é tão gostoso assim, não vale a pena tanto esforço assim; E outros ratinhos desistirão também.

A sena se repetiu nos próximos andares, com desistência por cansaço, falta de motivação.

Somente um corajoso ratinho perseverou até chegar no último andar, onde se deliciou de tanto comer do queijinho saboroso.

Ao descer de volta, os outros ratinhos, curiosos e impressionados, queria saber qual era o segredo de tanta determinação, de não ter desistido de subir tantos degraus;

Ele era surdo, por iço não escutava que os outros ratinhos falavam, as vozes que tentavam desencoraja-lo.

Isso ensinou aos demais que, não devemos dar ouvidos as palavras negativas, que podem nos fazer desistir dos nossos sonhos e objetivos.

Fim!